# Inhalt

## *Das gibt es alles zu entdecken!*

Aufsatteln und
los geht's!

**ZU ZWEIT INS ABENTEUER!**
»Ich musste schlucken, als ich das erste Mal vor Bionda stand. Sie war so riesig! Aber ich habe gleich gemerkt, wie lieb sie ist. Weil Biondas Besitzerin nicht viel Zeit hat, bin ich dreimal pro Woche im Stall. Bionda kommt angetrabt, sobald ich sie rufe. Erst putze ich sie gründlich. Dann gehen wir spazieren, trainieren auf dem Reitplatz oder machen einen Ausritt. Ein bisschen traben und kleine Fresspausen einlegen – das macht ihr richtig Spaß!«
Emilia, 11 Jahre

***Bionda ist sanft und stark zugleich. Sie und ihre Reiterin Emilia sind unzertrennlich.***

# Freundinnen fürs Leben

# Treue Gefährten

## *Wie Pferde zu echten Partnern werden*

**PFERDE UND WIR**
Pferde hatten in früheren Zeiten viele Aufgaben. Nicht immer wurden sie dabei gut behandelt. Dabei waren sie für die Geschichte der Menschheit ungeheuer wichtig.

In der Steinzeit wurden **Pferde gejagt**.

Vor rund 5500 Jahren begannen Menschen mit dem **Reiten**.

Pferde halfen in der Landwirtschaft und zogen **Karren und Kutschen**.

Schlachtrösser trugen im Mittelalter **Ritter** in den Kampf.

Heute sind die meisten Pferde **Freizeitpartner**.

**Hast du schon mal darüber nachgedacht, wozu Pferde eigentlich da sind? Vielleicht sagst du: zum Reiten! Doch das ist nicht selbstverständlich. Denn von Natur aus sind Pferde dafür nicht gemacht. Als junge Tiere müssen sie sich erst an den Sattel gewöhnen und die nötigen Rückenmuskeln trainieren. Vor allem aber müssen Pferde lernen, uns Menschen zu vertrauen. Dabei kannst du ihnen helfen!**

### *Wie näherst du dich einem Pferd?*

Du würdest am liebsten voller Begeisterung direkt auf ein Pferd zustürmen? Das ist verständlich. Aber es kann das Pferd sehr erschrecken. Denn aus der Sicht eines Pferdes ähnelst du einem Raubtier: Deine Augen liegen vorne im Gesicht, ganz ähnlich wie bei einem gefährlichen Puma. Wenn du deine Hände schnell bewegst, sehen deine Finger aus wie Klauen. Überhaupt ist es wichtig, dass du ruhig bleibst. Nähere dich einem Pferd am besten von schräg vorne und sprich mit freundlicher und leiser Stimme. Stress bewirkt nur, dass das Tier Angst bekommt und sich widersetzt. Also: immer schön langsam!

**HIER ENTLANG!**
Nicht jedes Pferd folgt auf Schritt und Tritt. Deshalb ist Führtraining wichtig.

**EIN HOBBY FÜR ALLE**
Auch viele Jungen und Männer reiten. Allerdings sind acht von zehn Pferdefans weiblich.

### *Was sind Pferde für uns?*

Früher waren Pferde vor allem Nutztiere, die tun mussten, was Menschen von ihnen verlangten. Heute siehst du ein Pferd sicher als Partner an. Um eine gute Beziehung zu ihm aufzubauen, brauchst du allerdings viel Geduld – und Zeit. Am besten ist es, wenn ihr euch zwei- bis dreimal pro Woche seht. Nimm es dem Pferd nicht übel, falls es dich mal falsch versteht. Beim Reitenlernen wird es eine Weile dauern, bis du eindeutige Hilfen gibst. Dann kannst du mit deinem Gewicht, deinen Schenkeln und den Zügeln mitteilen, was du möchtest.

### *Wie lernt ihr euch besser kennen?*

Vielleicht kannst du mit deinem Lieblingspferd auch am Boden trainieren. Das ist besonders hilfreich. Bodenarbeit bedeutet, dass du das Pferd durch verschiedene Übungen leitest, beispielsweise am Führstrick oder nur durch Gesten. Oft macht man das auf einem normalen Reitplatz, doch manchmal benutzt man auch einen kreisrund eingezäunten Round-Pen. In dem gibt es keine Ecken, in die sich das Pferd zurückziehen könnte. Probier's aus! Mit Pferden umzugehen ist viel mehr als Reiten.

# Von Kopf bis Huf

## *Ein Körper zum Staunen*

**Unglaublich, wie viel Kraft in einem Pferd steckt! Fast die Hälfte des Körpers besteht aus Muskeln. Mit seinen starken Beinen kann es schneller als 60 Kilometer pro Stunde galoppieren. Es könnte also ohne Probleme mit einem Auto in der Stadt mithalten.**

*Sag mal …*

**Ben, 8 Jahre**
***»Was ist eigentlich ein Wallach?«***

***»Ein männliches Pferd, das eine kleine Operation am Hoden hatte. Dadurch kann es keinen Nachwuchs mehr zeugen und ist meist ruhiger als ein Hengst.«***

**Kruppe**
Die Kruppe ist das Gesäß eines Pferdes. Sie kann fast waagrecht sein oder steil nach unten abfallen.

**Schweifrübe**
Am Ende des Rückens sitzt die Schweifrübe. In ihr stecken 15 bis 21 Wirbel und ein Muskel. Damit bewegt das Pferd seinen Schweif.

**Fesselgelenk**
Das Fesselgelenk wirkt wie eine Art Stoßdämpfer.

### Super Fakten

**1** ***Gute Nacht***
Ein Pferd kann sein **Kniegelenk** einrasten lassen – und so im Stehen schlafen. Pferde können auch **träumen**. Manchmal schnarchen sie sogar.

**2** ***Vorsicht, Sonne!***
Helle Pferde können **Sonnenbrand** bekommen – vor allem rund um die **Nase**.

**3** ***Riesiges Herz***
Das **Herz** ist etwa so groß und schwer wie eine **Wassermelone**.

**Mähne**
Die Mähne schützt das Pferd vor Insekten, Regen und bissigen Artgenossen. Wie lang und dicht sie ist, hängt meist von der Rasse ab.

**Widerrist**
Wenn das Pferd seinen Kopf senkt, liegt hier der höchste Punkt des Körpers. Vom Boden bis zum Widerrist misst man die Größe eines Pferdes, das Stockmaß.

**Nüstern**
Durch die Nüstern atmet ein Pferd ein und aus. Fast sechsmal so viel Luft wie ein Mensch.

**Flanke**
Die Flanke befindet sich seitlich am Pferdekörper und ist sehr empfindlich.

**Bauchnabel**
Der Bauchnabel liegt versteckt unter dem Fell. Dort saß die Nabelschnur. Sie ernährte das Fohlen im Bauch seiner Mutter.

**Huf**
Nichts geht ohne gesunde Hufe! Sie tragen das Gewicht des Pferdes und ertasten blitzschnell alle Unebenheiten.

# »Mir gefällt die Arbeit mit Feuer und Amboss … aber vor allem mit den Pferden!«

Marie Schichel

## Ran an den Huf!

Marie entfernt das alte Eisen und kürzt den Rand des Hufs. Dann erhitzt sie ein neues Hufeisen im 1000 Grad Celsius heißen Gasofen. Mit gezielten Hammerschlägen bringt sie es in Form und nagelt es auf den Huf des Pferdes. Das tut nicht weh. Pferdehufe sind aus Horn, ähnlich wie deine Fingernägel.

## Im Gespräch mit …

**Marie Schichel, Hufschmiedin**
Nach der Schule begann Pferdefan Marie eher zufällig ein Praktikum bei einem Hufschmied. Inzwischen fährt sie mit ihrer eigenen rollenden Werkstatt von Stall zu Stall – und pflegt die Hufe von rund 250 Pferden.

### WIESO BRAUCHEN PFERDE DEINE HILFE?

Weil ihre Hufe ständig wachsen! In freier Wildbahn nutzen sich die Hufe meist auf natürliche Weise ab. Aber viele Pferde leben im Stall. Deshalb besuche ich sie alle sechs bis acht Wochen und kürze die Hufe. Manche Pferde beschlage ich dann auch mit neuen Hufeisen.

### NICHT ALLE?

Nein, Hufeisen sind nicht immer nötig! Aber sie bieten Schutz, wenn ein Pferd zum Beispiel häufig über Schotter läuft oder im Gelände unterwegs ist. Manche Pferde brauchen auch besonders geformte Eisen, um wieder gesund zu werden. Zum Beispiel, wenn sie unter einem Hufgeschwür oder einer Sehnenentzündung leiden.

### HALTEN DIE PFERDE BRAV STILL, WENN DU SIE BESCHLÄGST?

Ich habe schon einige blaue Flecken abbekommen. Aber mit Erfahrung und Feingefühl klappt das Beschlagen meist problemlos. Und es ist ein tolles Gefühl, hinterher zu sehen, wie gut ein Pferd wieder läuft – dank seiner neuen, glänzenden Eisen!

# Lern »Pferdisch«!

**»MIR GEHT'S WUNDERBAR!«**
Kopf ablegen, Augen schließen und entspannen! Pferde machen das nur, wenn sie sich in ihrer Umgebung sicher und wohl fühlen.

# Nur wiehern? Von wegen!

**»BLEIB WEG!«**
Flach nach hinten gepresste Ohren, ein nach vorn gereckter Kopf: Dieses Pferd ist gereizt.

**Vielleicht ist es dir schon mal aufgefallen: In Filmen wiehern Pferde ständig. Doch in Wirklichkeit sind die Tiere eher still. Sonst würde es in der Natur nicht lange dauern, bis ein Raubtier die laute Herde entdeckt.**

### *Schau gut hin!*

Wenn du gut gelaunt bist oder sauer, dann kann man das an deinem Gesicht ablesen. Bei Pferden ist das ähnlich. Ihr ganzer Körper spricht. Achte zum Beispiel mal auf die Ohren. Sind die gespitzt oder drehen sich hin und her, ist das Pferd aufmerksam. Legt das Pferd seine Lauscher nach hinten, könnte es aggressiv sein. Oder ist es ängstlich? Auch dann legt es womöglich die Ohren an ... gleichzeitig reißt es seine Augen und Nüstern auf und klemmt den Schweif zwischen die Beine.

### *Worauf kannst du achten?*

Viele Pferde stampfen auf, wenn sie unruhig oder ungeduldig sind. Heben sie ihr Hinterbein, wollen sie womöglich drohen. Auch der Schweif kann dir verraten, wie ein Pferd sich fühlt. Baumelt er locker hin und her? Dann ist alles prima. Wenn das Pferd aber mit ihm peitscht, ist es wahrscheinlich unzufrieden. Oder verscheucht es nur lästige Fliegen? Wir Menschen müssen genau hinsehen, um Pferde-Signale wirklich zu verstehen.

### *Wie reden Pferde miteinander?*

Unter Pferden hingegen ist die Sache klar: Will ein Herdenchef etwa an einer besonders saftigen Stelle grasen, reicht meist ein Blick – und ein anderes Pferd weicht sofort aus. Es zeigt so, dass es Respekt hat. Die sensiblen Tiere teilen sich auch mit Berührungen mit. Wünscht sich ein unsicheres Pferd zum Beispiel Schutz von einem stärkeren, stupst es dieses Pferd ganz leicht an und bittet so um Hilfe. Ein Tritt oder Biss weist dagegen ein anderes Pferd in die Schranken.

**»ICH BIN DER BOSS!«**
Manchmal drohen Pferde einander – zum Beispiel, indem sie steigen oder auskeilen.

# Mit allen Sinnen

## *Wie Lucky die Welt wahrnimmt*

**Du kannst vieles hören, sehen, spüren und riechen – genau wie Wallach Lucky. Aber Pferde sind Fluchttiere. Deshalb funktionieren ihre feinen Sinne anders als bei uns Menschen.**

### *Wie sehen Pferde?*

Luckys Augen stehen seitlich. Ohne den Kopf zu drehen, sieht er also gleichzeitig den Reitplatz vor sich und den Traktor schräg neben sich. Durch diesen Weitwinkelblick können Pferde Gefahren früh entdecken. Das war für ihre Vorfahren in der Steppe überlebenswichtig. Allerdings sehen Pferde nicht, was direkt vor ihren Vorderhufen passiert – oder hinter ihnen. Lucky erschrickt deshalb oft, wenn jemand sich von hinten nähert.

### *Immer der Nase nach!*

Pferde können besser riechen als Hunde. Mit jedem Atemzug saugen sie viel Luft ein – und damit viele Geruchsteilchen. Lucky erkennt so seine Herdengenossen und findet die leckersten Gräser und Kräuter. Er erschnüffelt sogar, wenn Menschen Angst haben. Dann wird er selbst unruhig.

**Große Augen**
»Mein Augapfel ist fast so groß wie ein Tennisball. Selbst im Dunkeln kann ich gut sehen – ähnlich wie eine Katze.«

**Bewegliche Lauscher**
»Dank 16 Muskeln kann ich meine Ohrmuscheln nach vorn und hinten drehen. Ich höre tiefere und höhere Töne als du und kann Herdenmitglieder von Weitem am Wiehern auseinanderhalten.«

**Empfindliche Haut**
»Ich spüre es sofort, wenn eine Fliege auf meinem Körper landet – und verscheuche sie schnell mit einem Muskelzucken.«

**Besondere Haare**
»Hände zum Fühlen? Die brauche ich nicht. Schließlich habe ich Tasthaare. Mit ihnen erkunde ich zum Beispiel mein Futter.«

**Feiner Riecher**
»Mein Geruchssinn ist fantastisch. Ich kann Wasserquellen erschnuppern, die 2 Kilometer entfernt sind.«

**Guter Geschmack**
»Ich schmecke Bitteres, Süßes, Saures und Salziges, genau wie du. Dabei helfen mir rund 35 000 Geschmacksnerven auf der Zunge.«

# AHA

## *Super-Schnüffler*

Tief in der Pferdenase versteckt sich das Jacobson-Organ. Ist ein Duft ungewöhnlich? Dann flehmt das Pferd. Es schließt die Nüstern, zieht die Oberlippe hoch – und atmet tief durchs Maul. Der Duft strömt so direkt zu dem speziellen Riechinstrument. Das leitet die Informationen blitzschnell ins Gehirn.

# Wir sind frei!

***Es gibt sie noch: wilde Pferde. Wenn eine Herde flieht, scheint der Boden zu beben.***

**WILDPFERDE IN DEUTSCHLAND**
Knapp 400 Ponys galoppieren frei durch den Meerfelder Bruch in Nordrhein-Westfalen: Es sind die Dülmener Wildpferde. Zwischen Mooren, Wäldern und Wiesen finden sie alles, was sie brauchen. Nur in besonders kalten Wintern bekommen sie ein wenig Futter von Menschen. Damit die Herde nicht zu groß wird, werden die einjährigen Hengste gefangen und zum Reiten ausgebildet.

## Wir halten zusammen!

Meist bestimmen erfahrene Stuten, wo es langgeht. Der Leithengst hingegen schützt seine Familie gegen Angreifer und wehrt jüngere Hengste ab. Die leben oft in eigenen Gruppen.

# Bei den Koniks

## *Pferde als Naturschützer*

**Durch immer mehr Schutzgebiete in Europa traben Koniks. Die robusten Ponys genießen ihre Freiheit – und helfen seltenen Tieren und Pflanzen.**

**ZIEMLICH WILD!** Der dunkle Aalstrich auf dem Rücken zeigt: Zu den Vorfahren der Koniks zählten auch Urwildpferde wie der Tarpan.

### *Guten Morgen!*

Tautropfen glitzern auf den Gräsern, noch ist es früh. Doch die Koniks aus dem Geltinger Birk sind schon längst wach. Ein langbeiniges Fohlen saugt Milch bei seiner Mutter. Das Kleine braucht Kraft: Seine Herde legt täglich viele Kilometer zurück, zwischen Salzwiesen, Sümpfen und Wäldern. Los geht's! Die Leitstute will aufbrechen. Ein Pferd nach dem anderen folgt ihr.

*Sag mal ...*

Elif, 9 Jahre

***»Wo gibt es sonst noch wilde Pferde?«***

***»Auf allen Kontinenten, bis auf die Antarktis! In Teilen der USA leben zum Beispiel wilde Mustangs. Durch den Südwesten Englands streifen Dartmoor-Ponys und durch die Mongolei Przewalski-Pferde.«***

### *Alles schmeckt*

Die Koniks streifen nicht zufällig durch das Schutzgebiet in Schleswig-Holstein. Man hat sie dort vor rund 25 Jahren ausgewildert. Das hilft der Natur, denn die Ponys fressen nicht nur Gras, sondern zerrupfen auch gerne Schilf und knabbern an Büschen. So verhindern sie, dass die ganze Landschaft überwuchert – und schaffen Platz für bedrohte Arten. In der Nähe der Herde staken Kraniche durchs Wasser, am Himmel kreist ein Seeadler. Und im Frühjahr kommen viele seltene Zugvögel zum Brüten.

### *Brauchen die Koniks Hilfe von Menschen?*

Jeden Tag wandern Freiwillige zur Herde. Sie überprüfen aus der Ferne, ob alles in Ordnung ist. Ansonsten bleiben die rund 60 Koniks unter sich. Wenn es regnet, suchen sie unter Bäumen Zuflucht. Eine Fohlengeburt meistern die Stuten alleine. Und natürlich brauchen die Koniks niemanden, der sie striegelt. Stattdessen schrubben sie sich kräftig an Bäumen und beknabbern sich gegenseitig: So pflegen sie nicht nur ihr Fell, sondern auch Freundschaften in der Herde.

# Beste Freunde

## *Was macht Pferde glücklich?*

**Zusammen auf der Koppel toben und dann gemeinsam im Schatten dösen? Für diese beiden Haflinger gibt es nichts Schöneres! Alle Pferde brauchen Pferdekumpels. Schließlich sind sie Herdentiere. Sie denken und fühlen noch immer wie ihre wilden Vorfahren. Das verrät dir viel über ihr Verhalten.**

**ICH KANN DICH GUT RIECHEN!**
Pferd und Hund? Auch die können sich gut verstehen und viel Zeit miteinander verbringen.

### *Wer ist der Chef?*

Zum Glück leben viele Pferde heute in einem offenen Laufstall oder verbringen viel Zeit auf der Weide – als Teil einer Herde. Jedes Mitglied weiß, wer in der Gruppe das Sagen hat, wer vor Gefahren warnt und wer anderen den Vortritt lassen muss. Eine solche Rangordnung finden Pferde nicht gemein, sondern beruhigend: Sie wissen genau, woran sie sind.

### *Stillstehen? Nein danke!*

Schon immer hatten Pferde vor allem eines im Sinn: fressen, fressen und nochmals fressen! In der Wildnis streifen sie bis zu 18 Stunden umher, um genug Gras zu finden. Das heißt natürlich auch, dass sie ständig unterwegs sind und jeden Tag viele Kilometer zurücklegen. Ein Pferd fühlt sich also nicht gut, wenn es sich zu wenig bewegt.

### *Warum erschrecken Pferde?*

Früher lauerten häufig Raubtiere, vor denen die Herde fliehen musste. Kein Wunder, dass noch immer viele Pferde schreckhaft sind. Ist die flatternde Plastiktüte gefährlich? Liegt dort eine Giftschlange – oder nur ein Wasserschlauch? Es hilft, wenn du die Furcht deines Pferdes begreifst und ihm vermittelst: Hier ist alles in Ordnung!

**GUT, DASS DU DA BIST!**
Enge Kumpel sorgen dafür, dass Pferde weniger Stress empfinden. Schließlich helfen sie sich, an Futter und Wasser ranzukommen. Und gemeinsam fühlen sie sich sicherer beim Schlafen.

## Genug Bewegung

Immer im Stall herumstehen? Das langweilt fast alle Pferde. Sie wollen aber auch nicht ständig geritten werden. Viele haben Spaß an Bodenarbeit, andere freuen sich über lange Spaziergänge. Besonders wichtig ist, dass sie auch frei auf der Koppel herumtollen dürfen.

## Eine feste Herde

Pferde schließen echte Freundschaften und kennen ihre Herdengenossen genau. Deshalb ist es schmerzlich, wenn Menschen eine Herde häufig verändern, wenn fremde Pferde dazukommen oder andere wegziehen.

## Das richtige Futter

Pferde fressen ständig kleine Portionen, genau wie ihre wilden Vorfahren. Am besten ist es also, wenn sie jederzeit Raufutter wie Gras und Heu mampfen können.

## Sicherheit und Ruhe

Pferde lieben ihre gewohnte Umgebung. Sie wollen wissen, wie der Tag abläuft und wer mit ihnen Zeit verbringt. Das gibt ihnen Sicherheit. Wenn du sie aus ihrer Herde herausholst – zum Beispiel zum Reiten –, brauchen sie das Gefühl, dass du ruhig und gelassen bist und weißt, was du tust.

# Bunte Bande

**Schimmel**
Das weiße Schimmel-Fell verliert im Alter schneller seine Farbe als das Fell anderer Pferde.

**Braune**
Braune sind hell- oder dunkelbraun und haben dunkle Mähnen.

***Pferde sind einzigartig – auch durch ihre Abzeichen. Das sind die weißen Stellen, die viele Tiere am Kopf oder an den Beinen tragen.***

**Schecke**
Das Fell von Schecken hat meist große, weiße Bereiche.

**Fuchs**
Die Mähne von Füchsen hat dieselbe Farbe wie ihr Fell – oder ist heller.

**SO VIELE FELLFARBEN!**
»Bloß nicht auffallen!«, galt früher für Wildpferde. Ihr Fell sollte sie tarnen. Doch durch Zucht sind ganz unterschiedliche Fellfarben entstanden. Rappen beispielsweise sind vom Kopf bis zu den Hufen schwarz. Schimmel sind bei der Geburt dunkel. Erst im Lauf ihres Lebens werden sie grau-weiß.

# Galopp durch die Zeit

## *Vom winzigen Urpferd zum stolzen Ross*

**ALLES PFERDE – ODER WAS?**
Es gab viele verschiedene Gattungen Urpferde, die teils gleichzeitig über die Erde trabten.

***Hyracotherium*, der Winzling**
Stockmaß etwa 20 cm – so groß wie ein Dackel

***Mesohippus*, das Halbpferd**
Stockmaß etwa 60 cm – so groß wie ein kleineres Schaf

***Merychippus*, der Steppenprofi**
Stockmaß etwa 90 cm – so groß wie ein Esel

***Pliohippus*, der erste Einhufer**
Stockmaß rund 115 cm – so groß wie viele Ponys

**Es ist ein merkwürdiges Wesen, das sich da zwischen Farnen und Schlingpflanzen versteckt: kaum größer als ein Dackel, mit einer langen Schnauze und kurzen Beinchen. Das Tierchen schaut sich hungrig um – und beginnt, leckere Blätter von einem Busch zu zupfen. Du kannst es vielleicht kaum glauben. Doch so sah ein Vorfahre unserer Pferde aus!**

### *Wann lebte das Mini-Pferd?*

Das Urpferdchen *Hyracotherium* oder *Eohippus* lebte vor rund 55 Millionen Jahren. Damals war es auf der Erde noch brütend heiß. Selbst am Polarkreis wuchsen Palmen, und das Urpferdchen huschte durchs Dickicht von tropischen Regenwäldern. An seinen Hinterbeinen besaß es jeweils drei und an den Vorderbeinen sogar vier Zehen. Wie praktisch! So versank es nicht im sumpfigen Boden.

**WINZLING**
So könnte das Urpferdchen *Hyracotherium* ausgesehen haben. Man hat an verschiedenen Orten Versteinerungen von seinen Knochen gefunden.

### Vom Urwald in die Steppe

Im Laufe von Millionen Jahren änderte sich das Klima. Es wurde kälter und trockener. Vielerorts entstanden Steppen ohne Bäume – und die Vorfahren der Pferde passten sich daran an. Wieder und wieder entstanden neue Gattungen. *Mesohippus* beispielsweise trabte bereits mit recht langen, schlanken Beinen umher.
Und das *Merychippus* besaß breite Zähne, die sich nicht mehr so schnell abschliffen. Schließlich musste es zähes Gras statt weicher Urwaldblätter zermalmen. Außerdem konnte es sich nicht mehr im Gebüsch verstecken, sondern musste blitzschnell vor Feinden fliehen.
Gut, dass die Urpferde immer größer und ausdauernder wurden. Breite Pfoten? Die brauchten sie auf dem trockenen Untergrund nicht mehr! Sie kamen schneller voran, wenn sie sich zunehmend auf ihre mittleren Zehen stützten.
Ihre seitlichen Zehen bildeten sich dadurch zurück.

### Endlich Einhufer!

Bei *Pliohippus* war schließlich der mittlere Zeh zu einem einzigen Huf verdickt, genau wie bei den heutigen Pferden! Deren Gattung heißt *Equus* und entstand vor rund vier Millionen Jahren. Pferde sind bis heute die einzigen Einhufer unter allen Tieren.
Doch aufgepasst: Nicht nur unsere Hauspferde gehören zu dieser Gattung – sondern auch Wildpferde, Zebras und Esel. Sie alle sind so eng verwandt, dass sie sogar gemeinsame Fohlen bekommen können.

# Starke Arbeit

## Wie Vierbeiner uns helfen

**Früher sind Pferde oft mit Kriegern in den Kampf gezogen. Andere trieben mit Cowboys große Rinderherden durch die Prärie, oder sie zogen Kutschen und Straßenbahnen. Auch heute bekommen manche Pferde eine besondere Ausbildung – und glänzen in einem ungewöhnlichen Job.**

**DR. PFERD**
Therapiepferde sind besonders lieb und geduldig.

### Wie helfen Therapiepferde?

»Ich mag dich! Magst du mich auch?«, scheint dieses Pony zu sagen. Therapiepferde helfen Menschen mit Beeinträchtigungen und Problemen. Oft genügt schon der innige Kontakt zu ihnen, damit jemand sich wohler fühlt. Es gibt aber auch Krankengymnastik auf dem Pferderücken und therapeutisches Reiten. Welches Pferd sich eignet? Kommt darauf an. Es kann groß sein oder klein, im Prinzip von jeder Rasse. Wichtig ist, dass es ein freundliches Wesen hat und gut ausgebildet wird.

### Wie lebt ein Spitzensportler?

Tausende Menschen jubeln, wenn Rennpferde über die Galopprennbahn preschen. Die Jockeys auf ihren Rücken treiben sie unermüdlich an. Im Durchschnitt läuft ein Rennpferd jährlich bei fünf Rennen. Die restliche Zeit trainiert es, wird massiert und bekommt besonderes Futter für viel Energie. Den teuren Tieren soll es an nichts fehlen. Aber es besteht immer eine große Gefahr, dass sie sich verletzen.

## Echte Kraftpakete

Hau ruck, hier kommen die Rückepferde! Der Name Rückepferd kommt von Holzrücken. Fleißig ziehen sie gefällte Bäume aus dem Wald. Das hilft der Natur – denn schwere Forstmaschinen zerdrücken den empfindlichen Boden. Ein weiterer Vorteil: Rückepferde können auch auf schmalen Pfaden und an Hängen arbeiten.

**STARKE HELFER**
Rückepferde sind meist kräftige Kaltblüter.

### *Was tun Polizeipferde?*

Platz da für die Reiterstaffel! Die meisten Menschen mögen Polizeipferde – und haben vor ihrer Größe Respekt. Deshalb sind die Tiere oft bei Fußballspielen oder bei Demonstrationen im Einsatz. Die Polizeikräfte auf ihrem Rücken haben einen guten Überblick. So können sie gefährliche Situationen schneller erkennen. Sie trainieren ausgiebig mit ihren Pferden. Menschenmassen, Knallkörper oder flatternde Fahnen? Die lassen ein Polizeipferd kalt!

**TIERISCHES TEAM**
Pferde und Polizistinnen können sich immer aufeinander verlassen.

### *Was können Filmprofis?*

Hast du ein Lieblingspferd, das in einem Film mitspielt? Achte doch mal darauf, welche Tricks es beherrscht. Oft können die wiehernden Profis sich auf Kommando hinlegen oder steigen, und manche wurden sogar an Feuer gewöhnt. Filmpferde brauchen gute Nerven. Bei einem Dreh sind sie ständig von Menschen, Scheinwerfern und Mikrofonen umgeben. Außerdem können viele Schauspielerinnen und Schauspieler nicht gut reiten. Bei schwierigen Szenen schwingt sich dann jemand anderes in den Sattel.

## Ponys – großartige Kleine

Ponys sind schlau, manchmal auch ein bisschen frech – und die Lieblinge vieler Kinder. Woran du sie erkennen kannst? Ihr Stockmaß liegt bei höchstens 1,48 Metern. Außerdem sind ihre Beine meist kürzer als bei einem Großpferd. Dafür ist ihr Hals kräftiger und der Kopf etwas breiter.

# Von Pony bis Vollblut

## Welche Pferdetypen gibt es?

**Pferde können riesig sein oder winzig, zottelig oder elegant, feurig oder gemütlich. Kein Wunder: Schließlich gibt es rund 280 verschiedene Rassen, die man in vier Pferdetypen einteilt.**

***Sag mal ...***

**Fernando, 10 Jahre**

***»Haben Kaltblüter kaltes Blut?«***

***»Nein. Das Blut aller Pferde ist ungefähr 38 Grad Celsius warm. Der Name bezieht sich auf das Temperament der Tiere: Kaltblüter lassen sich kaum aus der Ruhe bringen.«***

### *Kaltblüter – sanfte Riesen*

Diese Kraftprotze wurden zum Ziehen schwerer Lasten gezüchtet. Sie haben ein ruhiges Wesen. Aber sie sind ganz schön eindrucksvoll, wenn man vor ihnen steht! Shire Horses beispielsweise erreichen ein Stockmaß von mehr als zwei Metern und wiegen bis zu 1500 Kilogramm.

### *Warmblüter – vielseitige Freunde*

Kennst du Hannoveraner, Trakehner oder Holsteiner? Das sind typische Warmblüter-Rassen. Ihr Körper ist meist wendig und muskulös. Gleichzeitig sind sie verlässliche und fleißige Gefährten. Deshalb eignen sich Warmblüter fürs Springreiten, für die Dressur – oder als treue Freizeitpferde.

### *Vollblüter – elegante Flitzer*

Ihre Vorfahren stammen aus der arabischen Wüste – und noch heute sind Vollblüter besonders zäh und ausdauernd. Kein Wunder, dass sie oft bei Galopp- oder Distanzrennen antreten. Weil sie temperamentvoll und sensibel sind, brauchen sie erfahrene Reiterinnen und Reiter.

**ECHTE GEWINNER**
Englische Vollblüter gelten als die schnellsten Rennpferde der Welt. Andere bekannte Rassen sind Vollblutaraber und Anglo-Araber.

# Hallo, Welt!

**FOHLEN MIT SAMTNASEN**
Noch wirken die beiden Pferdefohlen sehr vorsichtig. Ihre Beine sind schon erstaunlich lang – doch der Rest ihres Körpers muss noch tüchtig wachsen. Auf der Weide lernen die Fohlen, wie es in einer Pferdeherde zugeht. Wenn sie älter sind, werden sie langsam an Halfter und Führstrick gewöhnt und später an einen Sattel. Bis man ein junges Pferd reiten kann, vergehen meist drei bis fünf Jahre.

**Ob Schmetterlinge, feuchtes Gras oder der Duft anderer Pferde: Jeder Tag bringt neue Abenteuer für ein Fohlen.**

# Pssst, nicht stören!

## Lexis Geburt

**Früher ist Leila auf Springturnieren angetreten. Nun erwartet die Holsteiner-Stute ihr viertes Fohlen. Schon tagsüber war Leila unruhig. Doch meist werden Fohlen erst nachts geboren, wenn es ganz still ist im Stall …**

### Gleich geht's los

Leila fängt an zu schwitzen und legt sich ins Stroh. Ihr Geburtskanal ist geöffnet, der Muttermund entspannt. Schließlich beginnt sie zu pressen.

### Spaß im Grünen

Manchmal tollt Lexi übermütig umher. Aber dann trabt sie wieder zurück zu Leila. In Mamas Nähe ist es doch am besten!

### Juhu, da kommt Lexi!

Erst erscheinen die Vorderhufe und das Mäulchen. Dann flutscht das ganze Fohlen ins Stroh. Gut, dass die Fruchthülle schon aufgeplatzt ist. So kann die kleine Lexi atmen. Ihre Mutter leckt sie liebevoll sauber.

### Geschafft

Pferde-Geburten dauern meist 10 bis 30 Minuten. Lexi ist erschöpft und ihre Beine sind wacklig. Trotzdem probiert sie schon bald aufzustehen.

### Hm, du duftest!

Nach ungefähr einer Stunde steht Lexi. Leila beschnuppert ihre Kleine und leckt ihr Fell weiter trocken.

### Lecker

Lexi hat Leilas Euter entdeckt und trinkt. Die erste Muttermilch ist besonders wertvoll, weil sie das Fohlen vor Krankheiten schützt.

### Endlich raus

Ein, zwei Tage bleiben Leila und Lexi im Stall. Dann dürfen sie zum ersten Mal auf die Weide.

# Guten Appetit!

→ ***Wie viel trinkt ein Pferd?***
Zwischen 25 und 50 Liter täglich. Das ist mindestens zehnmal so viel wie wir.

→ ***Wie viel frisst ein Pferd?***
Mindestens 8 Kilogramm Raufutter am Tag. Das gilt für ein durchschnittliches rund 500 Kilogramm schweres Tier.

→ ***Was nascht es gerne?***
Alles, was süß ist! Aber Zucker kann zu Zahnstein, Übergewicht und sogar zu einer schmerzhaften Hufentzündung führen.

**DARF ICH FÜTTERN?**
Frag lieber vorher! Manche Pferde sind sehr empfindlich, bekommen eine besondere Diät – oder beißen.

# So fressen Pferde

**Frühstück, Mittag- und Abendessen? Für uns Menschen mag das reichen. Aber für Pferde ist es gesünder, ständig ein bisschen zu futtern. Draußen auf der Weide grasen sie oft zehn bis zwölf Stunden am Tag. Und im Stall sollten sie normalerweise Heu fressen können, wann immer sie wollen.**

## Was für ein Mist!

Acht- bis zehnmal pro Tag hebt das Pferd seinen Schweif – und lässt Pferdeäpfel plumpsen. Da kommt eine Menge zusammen! Stell dir mal vor, man würde den jährlichen Mist aller Pferde Deutschlands auf Lastwagen laden. Dann würden die aneinandergereiht vom Nordkap bis nach Rom reichen.

### *Warum sind Pferde Dauer-Kauer?*

Ein Hund verschlingt sein Futter ratzfatz. Doch Pferde müssen Gras und Heu ausgiebig zerkauen. Das beschäftigt und beruhigt sie, und es ist wichtig für eine gesunde Verdauung. Ein Pferdemagen ist nämlich recht klein. Der Pflanzenbrei soll dort also in kleinen Portionen ankommen. Vom Magen aus rutscht er weiter in den Darm. Der ist rund 30 Meter lang und fasst bis zu 200 Liter. Das ist ungefähr so viel wie in eine Badewanne passt!

### *Vorsicht beim Füttern!*

Pferde können leicht Probleme mit der Verdauung bekommen. Der lange Darm kann sich verschlingen oder verstopfen. Das Pferd wurde dann beispielsweise falsch gefüttert, hat zu schnell gefressen, entwickelt zu viel Gas im Darm oder leidet unter Stress. Gefährliches Bauchweh beim Pferd nennt man Kolik. Manchmal hilft dann nur eine Not-Operation.

**VERSCHIEDENE FUTTERARTEN**

**Raufutter wie Gras und Heu**
Davon bekommen Pferde und Ponys kaum genug!

**Kraftfutter wie Hafer und Mais**
Ein energiereicher Zusatz für Pferde, die viel arbeiten.

**Saftfutter wie Äpfel und Möhren**
Extra-Snack, der Vitamine und Energie liefert.

## Du und dein Pferd

Reiten hält dich fit und trainiert viele Muskeln. Der Umgang mit Pferden hilft dir, selbstbewusster und konzentrierter zu werden – und er entspannt. Außerdem kann man beim Reiten neue Freundschaften schließen. Also ab in den Stall!

## Im Gespräch mit …

**Lissi, Reitlehrer**

Lissi ist mit Pferden aufgewachsen. Er ist gelernter Pferdewirt und unterrichtet nun in einer Berliner Reitschule. Besonders wichtig ist ihm, dass die Kinder gut auf ihre Pferde achten und sich für sie verantwortlich fühlen.

### MANCHE LEUTE SAGEN, REITEN SEI KEIN ECHTER SPORT, WEIL SICH NUR DAS PFERD BEWEGT. STIMMT DAS?

Wir tun alles, damit es mühelos aussieht, so als würden wir mit dem Pferd tanzen. Aber dahinter stecken Können und Anstrengung. Wer bei mir zum ersten Mal mitreitet, hat danach Muskelkater.

### WAS FÜR EIGENSCHAFTEN BRAUCHEN KINDER, DIE REITEN LERNEN WOLLEN?

Ein gutes Gleichgewichtsgefühl hilft. Aber Reiten eignet sich für alle Menschen. Was anfangs nicht gleich klappt, kann man ja üben. Und gemeinsam mit dem Pferd oder dem Pony lernt man noch viel mehr.

### WAS DENN ZUM BEISPIEL?

Wie man entspannt bleibt, selbst wenn so ein Fluchttier sich mal erschrickt. Oder dass man geduldig sein muss, wenn das Pferd einem vertrauen soll.

### WAS MAGST DU AN PFERDEN?

Dass es stille Wesen sind, die nicht mit dir reden – und dich trotzdem verstehen.

# In der Sattelkammer

## Das braucht dein Pferd

**Zum Reiten ziehst du eine eng anliegende Hose, Stiefel und einen Reithelm an. Aber welche Ausrüstung hat dein Pferd?**

### Halfter
Um das Pferd von der Weide zu holen, benutzt du ein weiches Halfter. Es liegt bequem um den Pferdekopf und kann mit einem Führstrick verbunden werden.

### Zaumzeug
Wer reiten will, legt dem Pferd meist ein ledernes Kopfstück um. An ihm sind Zügel eingehakt. Durch das Zaumzeug lässt sich das Pferd leichter lenken.

### Sattel
Der Reitsattel sorgt dafür, dass du sicher auf deinem Pferd sitzt. Außerdem verteilt er dein Gewicht auf dem Pferderücken. Er muss dem Pferd genau passen. Sonst bekommt es Druckstellen.

**YEE-HAW!**
Der breite Westernsattel hat oft vorne ein Horn. An ihm kann man ein Lasso befestigen.

# Du und dein Pferd

Ganz klar: Wer reiten will, muss immer einen Reithelm tragen. Er schützt dich, falls du vom Pferd fällst oder einen Tritt abbekommst. Dazu muss er allerdings genau passen. Er darf nicht verrutschen, wenn du kräftig den Kopf schüttelst.

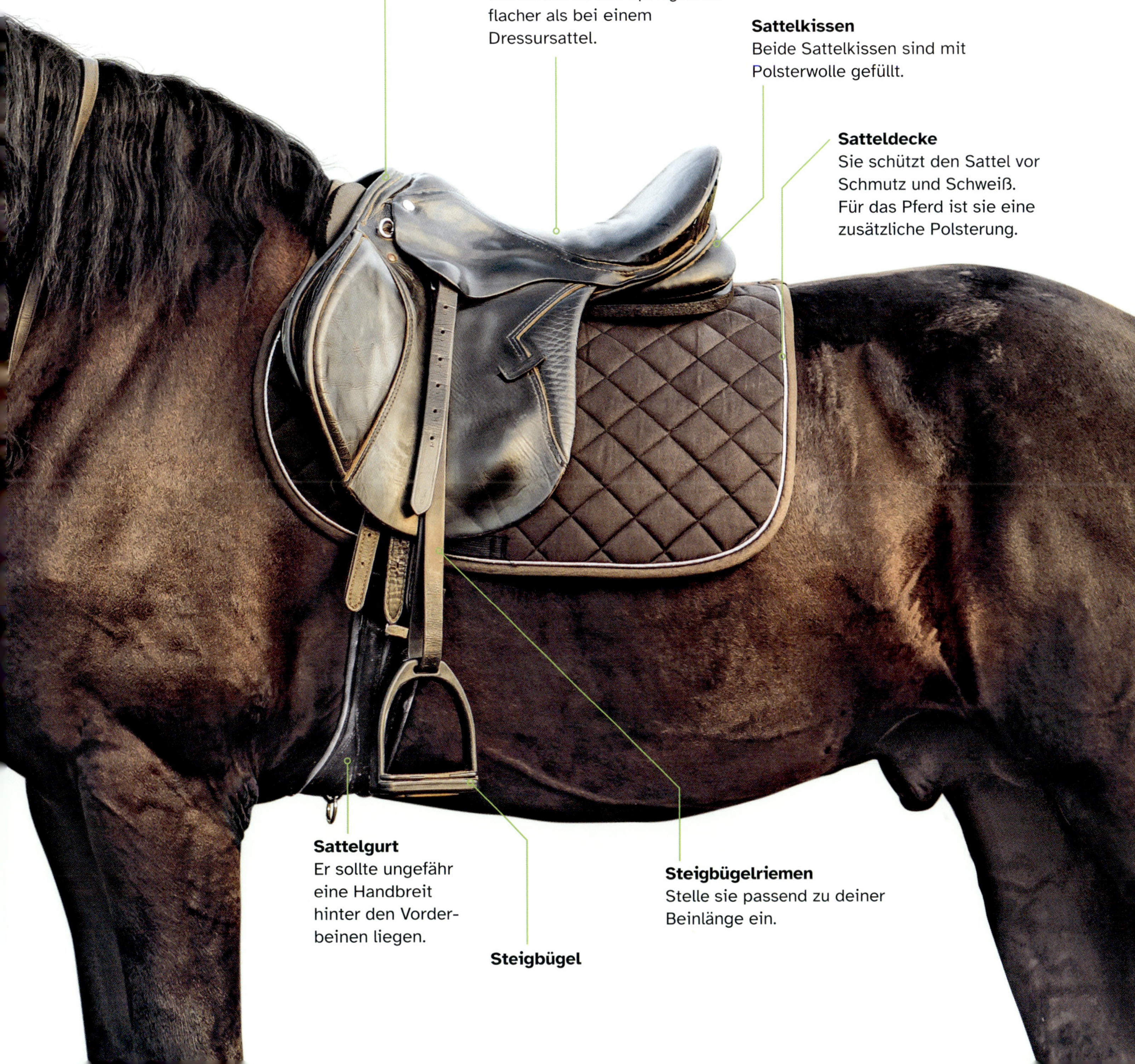

# So **putzt** du dein Pferd

→ ***Wie entferne ich groben Dreck?***
Dazu nimmst du einen Striegel. Fang am Hals an und arbeite dich über den Rücken nach hinten vor. Putze mit kreisenden Bewegungen. Schrubbe nie über knochige Stellen wie an den Beinen oder am Kopf.

→ ***Wie bringe ich das Fell zum Glänzen?***
Nimm eine weiche Bürste, die Kardätsche. Mit ihr fährst du in Wuchsrichtung über das Fell. So entfernst du Staub und ausgefallene Haare. Streife die Kardätsche regelmäßig am Striegel ab und klopfe den Striegel immer wieder aus.

**NICHT VERGESSEN!**
Wo der Sattel liegt, muss das Fell besonders glatt sein. Sonst kann es später reiben.

# Sauber, sauber!

**Sag mal …**

Amelie, 10 Jahre
***»Warum muss man Hufe auskratzen?«***

***»So kannst du Dreck und Steine aus den Hufen entfernen. Das solltest du vor und nach jedem Reiten machen.«***

**Zimmer aufräumen ist langweilig. Aber Pferde putzen? Das macht Spaß! Außerdem genießen die meisten Vierbeiner ihre Körperpflege – wenn du richtig vorgehst.**

### *Aua, das ziept!*

Ein Schweifhaar braucht sieben Jahre, bis es richtig lang gewachsen ist. Und dem Pferd tut es weh, wenn du Schweif oder Mähne unsanft bürstest. Meist reicht es, wenn du die dicken Haare von Hand entwirrst und Stroh herauszupfst. Wichtig ist außerdem, dass du beim Putzen nie hinter dem Pferd stehst. Vielleicht erschreckt es sich – und tritt aus!

### *Was will mein Pferd?*

Bei der Fellpflege mögen es manche Pferde sanft. Andere wollen kräftig gebürstet und gekrault werden. Beobachte also dein Pferd, während du putzt. Lässt es entspannt die Unterlippe hängen? Dann ist es gerade sehr zufrieden. Schlägt es mit dem Schweif und legt die Ohren an? Dann gefällt ihm wohl nicht, wie du putzt.

**WASSER MARSCH!**
Im Sommer freuen sich viele Pferde über eine Dusche. So lösen sich Schweiß und hartnäckiger Schmutz.

## Du und dein Pferd

Ein Doppelknoten lässt sich nicht sofort lösen, falls dein Pferd sich erschreckt. Übe deshalb den Anbindeknoten. Den kannst du ratzfatz mit einer Hand öffnen.

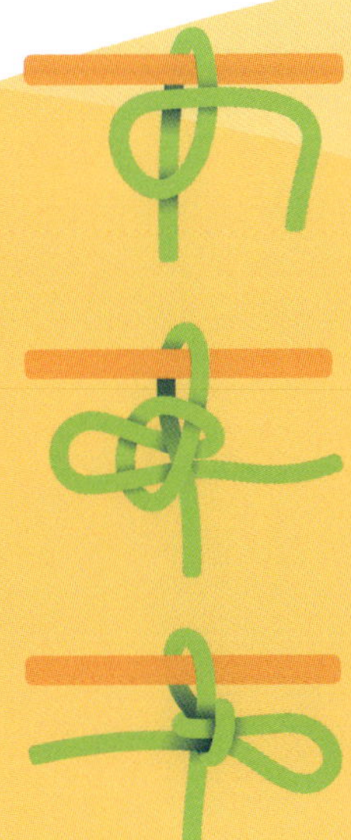

Lege das lose Ende über den herabhängenden Strick, sodass ein O entsteht.

Falte das lose Ende zu einer Schlaufe. Die steckst du von unten durch das O.

Zieh die Schlaufe nach rechts an. Fertig ist der Knoten!

# Ganz schön mutig!

**WILDER RITT**
Mounted Games ist eine Mischung aus Staffelrennen und Geschicklichkeitstests. Übersetzt heißt die Sportart Spiele auf dem Pferderücken. Fünf Reitende und ihre Ponys bilden ein Team. Mal müssen sie Luftballons mit einer Lanze zerstechen, mal Becher auf Slalomstangen stülpen oder vom Sattel kopfüber nach einem Ring greifen. Wer ist am geschicktesten, wer reitet am besten?

**Bloß nicht zögern! In vollem Galopp sausen Pferd und Reiter nach vorn.**

**KEIN HINDERNIS ZU HOCH**
Damit ein solcher Sprung klappt, haben Pferd und Reiterin viel trainiert.

# Fast wie fliegen!

→ ***Worum geht's beim Springreiten?***
Die Teams versuchen, möglichst schnell über Hindernisse zu preschen – ohne Stangen abzuwerfen. Die Reihenfolge der Hindernisse steht dabei fest.

→ ***Wie hoch sind die Sprünge?***
Bei Profis sind die Hindernisse teils bis zu 1,60 Meter hoch. Wer anfängt, übt erst mal niedrigere Sprünge.

# **Sport** mit Pferden

**In der Freizeit bilden Mensch und Pferd ein eingeschworenes Team. Beim Sport geht es mal um Geschwindigkeit, mal eher um Eleganz oder Geschicklichkeit. Für Kinder sollte vor allem der Spaß im Mittelpunkt stehen. Welcher Sport könnte dir gefallen?**

## Super Fakten

### 1 Hoch hinaus

Seit Jahrzehnten ist kein Pferd **höher** gesprungen als der Vollbluthengst Huaso: Er setzte im Jahr 1949 über ein **2,47 Meter** hohes Hindernis.

### 2 Weltrekord

Die Stute Winning Brew galoppierte 2008 mit **70,76** Kilometern pro Stunde über die Rennbahn.

### *Übst du die Königsdisziplin?*

Für viele Reitsportarten gibt es eine wichtige Grundlage: Dressur. Das Pferd lernt dabei, auf feine Hilfen der Reitenden zu reagieren, also zum Beispiel auf Gewichtsverlagerungen und Schenkeldruck. Bei Turnieren zeigen Mensch und Pferd gemeinsam vorgegebene Aufgaben oder reiten bestimmte Figuren.

### *Bist du schwindelfrei?*

Dann ist vielleicht Voltigieren etwas für dich. Das Pferd geht, trabt oder galoppiert dabei im Kreis – und du turnst auf seinem Rücken. Manche Übungen macht man allein, andere im Team zu zweit oder zu dritt. Fortgeschrittene zeigen waghalsige Sprünge oder stehen sogar stolz auf einem galoppierenden Pferd.

### *Willst du Abzeichen jagen?*

Im Reitunterricht machst du tolle Fortschritte. Vielleicht möchtest du das auch bei Prüfungen beweisen. Am einfachsten ist Reitabzeichen 10. Damit beginnen die meisten Kinder – und arbeiten sich dann vor. Wer Reitabzeichen 5 in der Tasche hat, kann an offiziellen Spring- und Dressurturnieren teilnehmen.

### *Hast du Fantasie?*

Hobby-Horsing ist ein neuer Trendsport aus Skandinavien. Statt ein echtes Pferd zu satteln, bastelt man ein cooles Steckenpferd ... und reitet mit ihm zwischen den Beinen los. Bei Turnieren zeigt man elegante Dressur-Figuren oder springt über möglichst hohe Hindernisse.

**NICHT WACKELN!** Voltigieren schult das Gleichgewicht. Oft ist es ein spielerischer Einstieg für das Reiten.

# Gerettet!

## Wenn Pferde Glück im Unglück haben

**Gut, dass es die Pferdeklappe gibt – einen ganz besonderen Tierschutzhof in Österreich. Dort landen Pferde, die kein gutes Zuhause mehr haben. Erst werden sie aufgepäppelt. Dann kommen sie zu Menschen, die wirklich zu ihnen passen.**

### Ein neues Leben

Zufrieden trabt Angelo über seine Koppel. Hinter ihm leuchten die Berge, in der Nähe plätschert ein Fluss. So lässt es sich aushalten! Der Wallach darf selbst entscheiden, ob er im Stall dösen oder draußen mit Kumpel Dodo herumtollen will. Doch plötzlich entdeckt er Lina, Ella und ihre Mutter Simone am Zaun – seine Lieblingsmenschen! Sie haben ihn vor zweieinhalb Jahren bei sich aufgenommen. Ob sie ihm wohl eine Karotte bringen?

### Angelos Geschichte

Früher hat der Schimmel einer anderen Familie gehört. Doch die konnte nicht mehr gut für ihn sorgen. Nach einigen Umwegen kam Angelo deshalb in die Pferdeklappe: in ein ehemaliges Gestüt, das vom Österreichischen Tierschutzverein betrieben wird. Dort leben bis zu 28 Pferde, die ihr Zuhause verloren haben. Ein Pflegeteam kümmert sich um die gesundheitlichen Probleme der Tiere – und schenkt ihnen Aufmerksamkeit und Geborgenheit. Angelo musste wieder lernen, Menschen zu vertrauen.

### Passen wir zueinander?

Die Pferdeklappe tut alles, um für ihre Schützlinge geeignete neue Menschen zu finden. Angelo hatte Glück – denn Simone wurde auf ihn aufmerksam. Sie besitzt seit Langem eigene Pferde und hatte Platz für den scheuen Schimmel. Mehrmals besuchte sie Angelo, damit sie sich kennenlernen konnten. Ihren Töchtern Lina und Ella verriet sie zunächst noch nichts: Dass bald ein neues Pferd zur Familie stoßen würde, war für die Kinder eine Überraschung zu Weihnachten. Die beiden waren begeistert, als Angelo wenig später ankam und sie vorsichtig beschnupperte.

### Endlich geliebt

Angelo ist seitdem richtig aufgeblüht, findet seine Pflegefamilie. Lina und Ella helfen beim Putzen, kuscheln mit Angelo und machen mit ihm Bodenarbeit. Manchmal dürfen sie auch reiten. Aber viel wichtiger ist für sie das Gefühl, in den Tieren echte Freunde zu haben. Um für die Pferdeklappe zu spenden, haben die Mädchen im vergangenen Jahr sogar auf ihre Geburtstagsgeschenke verzichtet. Alle Pferde verdienen eine zweite Chance – wie Angelo!

**HUF-PFLEGE**
Ob Stall ausmisten oder Hufe feilen: Die Mitarbeiter und Mitarbeiterinnen der Pferdeklappe kümmern sich liebevoll um ihre Schützlinge.

### Du und dein Pferd

Vielleicht geht dein Wunsch vom eigenen Pferd einmal in Erfüllung. Aber vergiss nie, dass das eine große Verantwortung mit sich bringt. Ein Pferd kann 20 bis 35 Jahre alt werden und braucht viel Aufmerksamkeit.

*»Angelo freut sich, dass er bei uns ist.«*

**Lina,** 8 Jahre

# Traumberufe

## *Die besten Jobs für Pferdefans*

**HALLO, KLEINER!**
Bevor Monika Bogner zur Kamera greift, soll das Pferd ihr vertrauen.

**Einige Menschen mögen Pferde so gerne, dass sie ihre Leidenschaft zum Beruf machen. Es gibt genug Möglichkeiten, um mit Pferden zu arbeiten. Vielleicht ist auch dein Traumberuf dabei!**

### *Nichts für Langschläfer*

Pferdewirtinnen und Pferdewirte pflegen, versorgen, trainieren oder züchten Pferde. Das ist körperlich anstrengend, aber abwechslungsreich. Und man ist den ganzen Tag bei den geliebten Vierbeinern.

### *Tupfer, bitte!*

Verletzte oder kranke Pferde brauchen Hilfe. Zum Glück gibt es Pferdetierärzte und -ärztinnen! Manche fahren von Stall zu Stall. Andere arbeiten in speziellen Pferdekliniken. Dort können sie die Pferde beispielsweise röntgen oder operieren, ganz ähnlich wie in einem Menschen-Krankenhaus.

### *Heilende Hände*

Auch Pferde leiden manchmal an Rückenschmerzen oder Verspannungen. Dann hilft ihnen ein Physiotherapeut oder eine Physiotherapeutin. Sie machen beispielsweise Dehn- und Streckübungen oder Massagen mit den Tieren.

**LOS GEHT'S!**
Wer hat wohl mehr Spaß bei der Bodenarbeit: die Stute, das Fohlen oder die Pferdewirtin?

*»Ich mache andere Pferdemenschen glücklich.«*

**Monika Bogner,** Pferdefotografin

**WAS DENKST DU?**
Konstanze Krüger erforscht das Verhalten von Pferden.

### *Viele, viele Bilder*

Viele Menschen wünschen sich Erinnerungsfotos, weil ihr geliebtes Pferd immer älter wird. Andere wollen zeigen, wie innig ihre Beziehung zum Pferd ist. Dann buchen sie ein Foto-Shooting – zum Beispiel bei Pferdefotografin Monika Bogner. Anfangs war die Fotografie für sie nur ein Hobby. Sie wollte möglichst viele Momente mit ihrer Traberstute Funny Hit festhalten. Aber dann bekam Monika immer mehr Anfragen. Bei einem Shooting nimmt sie sich Zeit, um die Pferde und Menschen kennenzulernen. Dann macht sie eine Vielzahl von Bildern – manchmal in einem Studio, oft aber auch draußen in der Natur.

### *Mit Nadel und Faden*

Jeder Pferderücken ist anders. Sattler und Sattlerinnen verändern Sättel, bis sie perfekt sitzen. Dazu trennen sie zum Beispiel Nähte auf und verändern die Polsterung. Teils tun sie das von Hand, teils mit speziellen Maschinen. Manchmal nähen sie auch neue Sättel und Trensen.

### *Wiehernde Wissenschaft*

Was wissen Pferde über andere Pferde? Wie lange erinnern sie sich an bestimmte Menschen, und auf welche Art lernen sie am besten? Solche Fragen sind nicht leicht zu beantworten. Konstanze Krüger versucht es trotzdem. Sie ist nämlich eine bekannte deutsche Verhaltensforscherin, die auf Pferde spezialisiert ist. Oft beobachtet sie die Tiere auf der Weide. Andere Male denkt sie sich Versuche aus. Sie schaut beispielsweise, welche Aufgaben Pferde lösen können oder wie sie auf Unbekanntes reagieren – zum Beispiel auf einen bunten Regenschirm. Was sie herausfindet, fasst sie in wissenschaftlichen Texten zusammen. »Ich liebe es, mit Pferden zu arbeiten«, sagt Konstanze, »aber ich gebe mein Wissen auch gern an Studierende weiter.« Die lernen dadurch, Pferde noch besser zu begreifen und zu trainieren.

# Wer hat dieses Buch geschrieben?

**UNSERE AUTORIN**
An einem Fjord auf Islandpferden reiten … das hat Dela noch nie gemacht. Aber wer weiß, was die Zukunft bringt.

## Im Gespräch mit ...

**Dela Kienle, Journalistin**
Am liebsten schreibt Dela über Tiere und die Natur – in Zeitschriften und Kindersachbüchern. Sie lebt in der holländischen Stadt Leiden.

### MAGST DU PFERDE?

Natürlich! Wer könnte diesen Samtnasen widerstehen? Ich bin als Jugendliche auch gerne geritten. Allerdings war meine Reitschule nicht besonders gut. Mein Tipp für alle Pferdefans ist deshalb: Schaut wirklich, wo ihr Unterricht nehmt! Wie ist die Atmosphäre und wie werden die Pferde behandelt?

### WAS HAT BEIM BUCHSCHREIBEN BESONDERS SPASS GEMACHT?

Die Interviews mit tollen Fachleuten. Jetzt weiß ich zum Beispiel, wie eine Hufschmiedin arbeitet ... oder wie eine Verhaltensforscherin herausfindet, was Pferde denken.

### HAST DU AUCH ETWAS NEUES FÜR DICH SELBST GELERNT?

Früher habe ich Pferde auf den Hals geklopft, um sie zu loben. Das machen ja viele Leute so. Aber Studien zeigen, dass viele Pferde das gar nicht mögen. Jetzt streichle ich sie nur noch oder kraule sie am Mähnenansatz.

Bildquellennachweis:
AdobeStock: 28 – 29 (Ingairis); Bogner, Monika: 2 – 3; Duvinage, Maxime: 40 – 41; Getty Images: 24 or (RyanJLane), 26 (anakondaN), 32 (Asia Images), 48 Hg. (coolbiere photograph); Hain, Odile: 48 ml; Krüger-Farrouj, Konstanze: 47 mr; Orth, Juliane: 8 – 9; Pferdeklappe Reutte: 44 or (Lisa Immler); Pfeuffer, Kristina: 47 ol; picture alliance: Inh.-Verz.om (Axel Heimken / dpa), 14 – 15 (Henning Kaiser / dpa), 16 (H. & M.Kuczka / imageBROKER), 17 or (Axel Heimken / dpa), 19 u (Willfried Gredler-Oxenbauer / picturedesk.com); Polizei Hamburg: 25 or; Reitschule Klein Berlin: 34 – 35 (Sandra Boche), 35 om (Sandra Boche); Schichel, Marie: 9 o; Shutterstock: Inh.-Verz.ul (Rita_Kochmarjova), Inh.-Verz.ur (pfluegler-photo), Inh.-Verz.r (Rolf Dannenberg), 4 um (Robert Petrovic), 5r, 6 – 7 m (mariait), 10 (symbiot), 11 ur (Rita_Kochmarjova), 11 or (PIC by Femke), 12 – 13 (Oleksii Nedolia), 18 or (Julia Siomuha), 20 – 21 (Daria Medvedeva), 23 ur (Daniel Eskridge), 25 ur (Gottfried Carls), 27 ur (Vladimir Hodac), 30 or (pfluegler-photo), 30 ul (pfluegler-photo), 31 ol (pfluegler-photo), 31 or (pfluegler-photo), 31 mr (pfluegler-photo), 31 ur (pfluegler-photo), 31 ml (pfluegler-photo), 36 ul (JustToday), 36 – 37m (Vershinin89), 38 (Rolf Dannenberg), 39 mr (Anaite), 42 (PROMA1), 43 ur (rtbilder), 46 u (1746975230); Wik, Simone: 45

Vorsatz: Getty Images: (Mint Images)

Umschlagfotos: Shutterstock: U1 (mariait), U4 (Olga_i)


Burgschmietstraße 2 – 4
90419 Nürnberg
qualitaet@tessloff.com
www.tessloff.com


Autorin: Dela Kienle
Grafik: Tobias Laxy
Lektorat: Carolin Langbein, Anja Starigk
Bildredaktion: Michaela Koch, Die Bildbeschaffer GmbH
Drucker: Livonia Print

ISBN 978-3-7886-7704-6

✓ **Hab ich schon.** ✗ **Brauch ich noch!**